다시 태어난다면

다시 태어난다면

2025년 8월 14일 제 1판 인쇄 발행

지 은 이 | 최순희
펴 낸 이 | 박종래
펴 낸 곳 | 도서출판 명성서림

등록번호 | 301-2014-013
주　　소 | 04625 서울시 중구 필동로 6(2층·3층)
대표전화 | 02)2277-2800
팩　　스 | 02)2277-8945
이 메 일 | msprint8944@naver.com

값 10,000원
ISBN 979-11-7439-021-9

※ 본 책의 구성 및 맞춤법, 띄어쓰기는 작가의 의도에 따랐습니다.
※ 이 책의 저작권은 저자와 도서출판 명성서림에 있습니다.
※ 이 책 내용의 일부 또는 전부를 재사용하려면 반드시 저자와
　 도서출판 명성서림의 동의를 얻어야 합니다.
※ 무단 전재 및 복제를 금합니다.
※ 파본은 바꾸어 드립니다.

다시 태어난다면

최순희 시집

도서출판 명성서림

인사말

오랫동안 간직해 온 꿈이 현실이 된 것이 놀랍고 기쁩니다.

고단한 나그네 여정을 오랜시간 글로 하소연하며 달래 왔는데 이것을 시집으로 발간할 수 있도록 인도해주신 창조주 하나님께 영광 올려드리며
창조된 아름답고 찬란한 자연 만물과 용기를 주신 모든 분들께 감사를 드립니다.

이 시대와 다가올 시대를 살아갈 모든 생명들에게 품은 꿈 포기하지 말고 하루하루 버텨낸 마음을 다독이며 부여 받은 귀한 인생 예쁜 빛을 내시길 응원합니다.

1 — 분홍꽃불 만개한 언덕

18행시	14
너희들은 내 전부	15
엄마의 마음	16
가난도 직업	17
어머니란 이름	18
나는 그곳에 없었다네	20
창문	21
가을은 준비의 계절	22
앞만 보고 가거라	23
설송	24
눈	25
가을밤	26
청산에 눕고 싶다	27
산에는	28
잃어버린 봄 터	29
낙제생	30
마음	31
별 총총 빛나는 밤이면	32
격정	33
외로움이 느껴질 때	34
죽음이라는 것	36

2. 이름 없는 들꽃 되어

40	오갈병
41	물풀의 삶
42	세월
43	생각
44	이름 없는 들꽃 되어
46	목련화
47	오늘은 쉬고 싶다
48	늙은 새 되어
49	오월의 향기
50	약속은 전설 되고
52	무제
53	뉘 있어
54	바보스러운 삶
56	얼굴
57	낙엽
58	비야 퍼부어라
59	수평선
60	눈
61	가을의 문턱
62	새벽안개
63	하얀 달이 뜨면

3 — 달빛 손님

코스모스	66
청문회	67
실직자의 아픔	68
인동초	69
IMF는 숨찼다	70
금 모으기	72
선거 날에	73
지각없는 양반님들이여	74
공상이란 놈은 정직해	76
내 아픔의 끝은 어디인가?	78
대관령도 울었네	79
인공신장실에서	80
한 백 년 살아야	82
당신에게	83
달빛 손님	84
삶의 흔적	85
그분이 떠나던 날	86
여한餘恨	88
이천 년의 마지막 밤	89
깍지의 슬픔	90
여름밤	91

4 ─ 다시 태어난다면

- 94　노고초老姑草의 밤
- 95　나는 울기만 했구랴
- 96　고해苦海
- 97　계절의 징검다리
- 98　외로움
- 100　청각
- 101　의문
- 102　저당 잡힌 인생
- 104　파도
- 105　철 잊은 할미새
- 106　인생人生 막바지에서
- 108　허수아비의 비상飛上
- 109　다시 태어난다면
- 110　흰자위 없는 눈으로
- 111　파문波紋
- 112　시충時蟲
- 114　외로운 영혼들
- 116　사별
- 117　할미의 초겨울
- 118　가장 슬프고 외로울 때
- 120　작은 소망

5 — 까치의 모정

상실감	122
이제야 알겠습니다	123
할머니 부대	126
삯돈(돈 삼만 원의 힘)	127
산의 관용	128
광동댐에서	130
설악의 단풍 잔치	132
홍수	134
사랑	136
북한산 계곡 2	137
까치의 모정	138
무정세월	139
할머니와 선인장	140
할미의 추억	142
홍시	144
답답하게 조여드는 가슴 주체할 수 없습니다	145
이제는 외롭지 마소서	146
자화상	148
바람	149
계절의 복판	150
쉼터라는데	151

6 — 나는 강남 할머니

154	첫 눈의 약속
155	비난수
156	아쉬움
157	나 홀로의 인생
158	마지막 삶에 담고
159	그리움
160	잊음 병 들기 전에
161	진달래
162	진실코자 하나
163	감
164	나는 강남할머니
165	십자가
166	힘
167	나는 한 살이다
168	빛의 존재
169	성전의 십자가
170	꿈
171	그래서 좋아
172	진리
173	양초

18행시

이: 이슬처럼 세상에 태어나
희: 희망과 꿈도 가져봤지만
철: 철통같은 힘든 세상에서 모든 것이 미완성이 되었다.

이: 이공이란 선비님을 만나
흥: 흥교를 비롯해 사 남매의 어미는 되었으나
교: 교란스러운 삶 속에서

이: 이유 불문하고
유: 유감스럽게도 자식들 고생만 시켰더라
경: 경사스러운 일이나 안된 일이나 어미로서 챙겨주지
　　못한 것도

이: 이토록 가슴 저리고 미안한데
우: 우왕좌왕 안절부절못하다 보니
정: 정겹고 따뜻한 어미조차도 못되었더라

이: 이 세상이 제아무리 힘들다 해도
은: 은혜를 안고 또 지혜 안에 있다면 그 어떤
경: 경우에 처하더라도

최: 최선을 다해 노력한다면
순: 순풍에 돛 단 듯 순조롭게
희: 희망에 찬 아침 바다가 눈앞에 펼쳐지리라

너희들은 내 전부

아이들아 내 희망으로 태어난 내 아이들아
메마르고 목마른 대지를 골고루 적셔 주는 이슬비처럼 다정한 그런 사람이 되거라

아이들아 내 꿈으로 태어난 우리 아이들아
심신이 곤하고 또 슬픈 이에게 생기 넘치는 너희들 향기로 침체된 가슴을 깨워 주는 꽃처럼 아름다운 그런 사람이 되거라

아이들아 내 축복으로 태어난 내 아이들아
너희들은 너의 의지대로 꿈과 희망을 가꿀 줄 알며 나라와 사람을 지킬 줄 아는
등대수 같은 멋진 사람이 되거라

아이들아 내 귀함으로 태어난 우리 아이들아
하는 일 생각은 다르지만 한 핏줄 내고 나온 형제와 자매
하늘과 땅, 해와 달처럼 영원히 변하지 않는 의로운 사람이 되거라

아이들아 자랑스러운 내 아이들아
너희들은 나의 전부고 보람이니 그 어떤 고난도 실망도 두려워 말고 건강하고 의리로 다져진
아름답고 행복한 사람이 되거라

엄마의 마음

 아들아
 오늘도 하나 둘 셋 힘찬 구령에 맞춰 새벽공기를 가르며 씩씩하게 달리겠지
 엄마는 너의 굳건한 모습 생각만 해도 한없이 든든해지고 미소를 짓는다
 추위나 무더위에 애처롭고 아픈 마음 어디 둘 곳 없지만 그래도 소리치고 싶단다
 내 아들은 국군이라고
 아들아 용감해라 그리고 건강해라
 네 두 어깨에 달린 이 나라를 굳건히 지켜라

가난도 직업

어떤
가난한 시인이
가난도 직업이라 했거늘
그와 같이
가난을
평생직업처럼 살았더니
더한 것도
덜한 것 또한 없으니
그 가난한 시인이 말한
가난이라는 직업
살아서 한번 바꿔 보지 못한 것이
한이 되고 서럽구나

어머니란 이름

왈캉달캉
속 시끄러운 세상을
어머니란 이름으로
삶에 대한 자신도 없으면서
아닌 양 위장하며 살았다

하지만
그 어머니란 이름이
너무 벅차고 힘들어

끝내는 그 몫을 다하지 못한 채
인생의 끝자락에 섰다

35년을
그 이름에 목을 매고
허우적거렸지만
그 이름의 본분을 지키지 못하고
못다 한 모정에 한만 서렸다

그들은 나에게
위안이었고 희망이었다
모진 비바람에 시달려도
항상 외로움과 슬픔을 잊게 했고
칡 뿌리처럼 질긴 삶을 이어 주었다

그러나 나는
그들을 바로 지켜 주지 못했다
그들의 고통을
감싸 줄 사랑과 덕이 부족했고
숱한 시련을 모아 불태워 줄
넓고 뜨거운 가슴을 갖지 못했다

다시 태어나
또 한번 나에게 그 어머니란 이름이 주어진다면
못다 한 모정의 한을 풀 수 있을는지……
미안하기만 하다

나는 그곳에 없었다네

하늘이 유난히 맑은 어느 날
한 점 흰 구름 더욱 선명한데
나는 그곳에
나를 비추어 보았다네

그러나 그곳엔
맑고 순수한 내 모습은 없었다네
탈하고 누런
황톳빛 뿐이었다네

돈 한 푼에
울고 웃는 미물 되어
현실 도피에만 전전긍긍하는
초라하고 못난 내가 있었다네

하늘이
유난히 맑은 어느 날에
한 점 흰 구름 더욱 선명한데
맑고 고운 내 모습은 그곳에 없었다네

창문

나는 어느 평수 작은 아파트 마을에 산다
문만 열면
제일 먼저 눈앞에 펼쳐지는
아파트 창문들

어느 유명인의 시집에
'창' 자 마흔다섯 개가 아파트 창문처럼 빼곡히 쓰여져 있는
'아파트 마을'이라는 시가 떠오른다
그 시인의
애조 어린 그리움과 외로움이 묻어날 것 같은
창 창 창… 마흔다섯 개
내 마음속 어딘가에 안개가 서린다
창 창 창
실로 창이 많다
인간의 끝없는 고뇌와 같이 세어도 세어도 끝이 없구나

가을은 준비의 계절

누군가가
가을은 풍요의 계절이라 했겠다
그러나 나는
가을은 우수의 계절이라 하고 싶다
그 풍요라는 단어가
나에게는
너무 낯선 단어이기 때문이다

또 가을은 천고마비의 계절이라 했던가
하지만 나는
가을은 준비의 계절이라 하고 싶다
가을이 가면
겨울이 올 테니까
그리되면 가여운 우리 아이들
춥고 배고플 테니까...

- 80. 10월의 어느 가을날

앞만 보고 가거라

사람들이여
누구든
마음 가는 대로
발 가는 대로 가거라
망설이지 말고
앞만 보고 그냥 가거라
늦었다며
가슴 후벼 파며
눈물 내며
때늦은 후회랑은 말고
마음 가는 대로 발 가는 대로
옆도 뒤도 보지 말고
앞만 보고 멈추지 말고 곧장 가거라

설송

밤새
여북 속 태웠으면
푸른 머리 파 뿌리 되었을꼬
평생 인고忍苦
머리에 이고
남은 염원 가슴에 담았구나

세월의 흔적인가
머리에 하나둘 서릿발 내리니
늙으신 부모님 생각
간절 또 간절하여라

목화송이처럼
따뜻하고 포근한 사랑
받기만 했고 불효만 하였구나

용서를 비는
못난 여식의 마음
설송에 실어 부모님께 띄울까나

- 98. 1. 30. 대관령을 넘으며

눈

눈아 내려라
하염없이
부조리不條理로 얼룩진 세상世上
하나도 남김없이 다 덮을 수 있게
온 세상을 덮어다오

티 하나 없이
깨끗한 발자국을
남길 수 있는 사람이
자자손손 대대로 물려줄 수 있는
아름다운 역사를 새길 수 있게

눈아 쏟아져라
한없이 덮어라 그렇게
IMF의 오점이
이 땅에서
남김없이 덮일 수 있게

눈아 오너라
끝없이 끝없이 그렇게
온 세상을 남김없이
다 덮어다오

가을밤

달빛마저
시린 가을밤
별빛 더불어 차가운데

돌 돌 돌
밤 지새는 귀뚜라미
또르르
이슬 구르는 소리에 놀라
잠깐 노래를 멈추고

철 잊은 개똥벌레
박꽃 찾아 헤매는
이 해 밝은 가을밤에

무엇인가
애소哀訴 하는 듯한
자연의 맑고 애련한 자태에 취해 보지만

추분 지난 가을밤은
또 하나의 역사를 쌓으며
다음 계절을 재촉할 뿐이더라

청산에 눕고 싶다

나는 나를
청산에 묻고 싶다
새소리 물소리가 있고
솔바람 솔솔 이는
청산으로 보내고 싶다

속세에서
찌든 때 스며든 속앓이
청산에 맡기고
아롱아롱 달리는 눈물
솔바람에 씻으며
영원히 그곳에서 살고 싶다

청산에 눕고 싶다
내 영혼
날개 다는 꿈꾸며
산 내음 가득이는 청산에 눕고 싶다

산에는

야호
목청껏 부를 수 있는
메아리가 있어
가슴 속 굽이굽이 쌓인 겹겹의 시름을
다 묻어 버릴 수 있으리라 싶다

푸른 하늘 천장 아래
쏟아지는 별 온몸으로 받으며
도란도란 속삭이는
잎새들과 함께
서럽고 고달팠던 기억들을
다 털어 버리고
그곳에서
그들과 함께 벗하며 살고 싶다

잃어버린 봄 터

지평선
저쪽으로
아지랑이 아롱거리면
진달래 봄 내음과 함께
붉게 타는 봄 언덕

달래, 냉이
봄 터지는 소리들
바구니에 가득 채우며
행복했던
소박하고 예쁜 추억의 땅
그때 그 봄 터는 어디로 가고

두 눈 부라리며
세상 좁다고 설쳐대는
수많은 빵빵 차. 차
거만스레 메꾼 염치없는 건물들

그때 그 봄
추억 속의 봄 터
송두리째 앗아간 차디찬 현실
마음속 피는 봄마저
뺏기지 않을까 두렵다

낙제생

나는
아주 작고
아둔한 사람으로
그네들을 보호했고 의지해 왔다
이런 내 우매함이
그네들을 외롭고 고달프게 했다
정확하게 말해
나는 어미로서 낙제생이다

마음

꼭꼭
숨겨 두었던 심 중心中
그 누구에게도
열고 싶지 않은 것을
꼭 열어 보이고 싶은
그런 사람이 생겼다면
그것이 바로 사랑이라는 걸까

겹겹이
싸두었던 마음
하나하나 열어 보이고 싶은
그런 사람이 생겼다면
그것이 바로 흔히 말하는 사랑이라는 건지

허지만 깊어진 연륜과
가슴속 깊이 스민 미련이
그냥 가두어 두라는구나
죽을 때까지
열지 말고 그냥 두라고 하는구나

별 총총 빛나는 밤이면

바람 살랑이는
마알간 하늘에
별 총총 빛나는 그런 밤이면

옆에 누가
있든 없든 상관없이
무턱대고 어디든 나가고 싶어진다

그가 세상 떠나면서
선물로 남긴 외로움과 함께
그냥 어디론가 떠나고 싶어진다

초승달이든
그믐달이든 상관없이
서편 나뭇가지에 걸릴 때까지

계절과 상관없이
마알간 하늘에
별 총총 빛나는 그런 밤이면

초승달이든 보름달이든 상관없이
서편 산에 반쯤 걸릴 때까지
그냥 정처 없이 떠나고 싶다   - 96. 9월 어느 날에

격정

잃어버린 세월이기에
되돌릴 수 없는 세월이기에
아니 되돌리고 싶지 않은
세월이기에

오랜 세월을
참고 견딘 괴로움이
터질 듯 몽글거리는 가슴 터트리고
아우어 아우어
소리친다
몸부림친다 끝없이…

외로움이 느껴질 때

내 마음
누구에겐가로
다가선다고 느껴질 때
마음 다스리기 힘들어 괴로웠다

누군가가
나에게 다가온다고
느껴질 때
옛정 앞세우며 마음 문 잠글 때 외로웠다

몸 아프고 힘들 때
누구에게도
도움 청할 곳 없을 때
내 몸 추스리지 못해 울고 또 울었다

그럴 때마다
밀려오는 외로움과 서러움
온몸으로 느껴질 때
마음 다스리지 못해 슬펐다

세월은 그렇게 나를 스쳐 갔고
그 세월 따라 내 모습은
나 아닌 딴 모습이 되어 있다

수없이 얽힌 매듭
풀 곳조차 없다
가슴 속에 묻어 둔 채
세월은 점점 멀어져만 간다

올가을에도
쓸쓸한 빈 들에서
들국화의 애련한 배웅 받으며 떠나는 가을을
보낼 것이다

죽음이라는 것

죽는다는 것이
어떤 것인지
무엇인지 알 수 없지만
세상의 모든 번민 아픔 이별
다 묻어 줄 수 있는 안식처가 아닐까

누구나 고단한 시간 속에 갇히어
그 명령대로 살다가
어느 날 갑자기 시간이 멎으면
그것이 곧 죽음이라는 것일까

쓸데없이 거미줄 하나 더 늘리느니
더 이상 자신을 괴롭히느니
아직도 덜 찬 바구니를 끌어안고
몸부림치느니 싫다

빈부의 양극도
가슴 후벼 파는 쓰라림도
한스럽고 괴롭기만 한 세상도
늦가을 비보다 더 싸늘한 현실도
무정한 세월의 상흔도 모르는 곳

싱그러운 아침 햇살 받으며
어디론가 훌쩍 떠나는 여행의 설렘 같은 유혹
어쩜 그런 것이 아닌가 싶기도 하다

변색 동물처럼
현실에 맞추며 살아야 하는 괴로움도
그곳에는 없겠지...
의미도 없는 육신의 여행도 없겠지
시간도 삶도 멎은
저승이라는 그 곳에는...

2

이름 없는 들꽃 되어

오갈병

나는 나를 도망시키고 싶다
가난에 짓눌려 허물어진 모습
세상 밖으로 내몰고 싶다

나도 모르는 어떤 분노와 절망
어디론가 향하는 허망된 욕심
어느 무인도에 가
바다에라도 던져버리고 싶다

허무만 남은 얼룩진 삶과 꿈
피멍 든 영육 이끌며
예정된 운명인 양
그림자처럼 살아야 했기에

내 모든 것 다 잊고 묻어 버릴 수 있는
미지未知의 세계世界로
나는 나를 도망시키고 싶다

물풀의 삶

물속의 물풀처럼
언제나 물 밖 세상이 그리웠다
어쩌다 밖으로 나올라치면
안으로 난 상처가 쓰리고 아팠다

거짓으로 포장된 세상
적어도 나에겐 그렇게 보였다
그래서 늘
외롭고 슬펐는지 모르겠다

진실만으로 살 수 없는 위장된 세상
내키는 대로 살 수 없는
희망 막힌 날들을 견디기 위해
고독을 선택했다

물속의 물풀 되어
물 밖 세상이
두려우면서도 그리웠다

세월

세월은 결코
그냥 흐르지 않았다
철부지인 나에게
고통도 외로움도
미움도 사랑도 배우게 했고
이별도 만남도 배우게 했지
언젠가는 다
잊히고 버려질 것들이지만
배우고 싶지 않은 것을 가르쳐 주니

생각

세상은
넓디 넓어서
아무것도 보이지 않는데
걷고 또 걸으며
생각을 해 본다네

그렇게
매일 생각하고
또 생각해 보지만
나 남루하고
복잡한 속은 정리가 안 된다네

고로 예쁘고
아름다운 삶과
즐거움이 머물 자리가 없다네
오늘도 정리가 안 되어
어수선한 속 뒤지며
생각이라는 거 해 본다네

내 딴엔 그래도
어떤 기막힌 아이디어가
떠오를까 싶어서…

이름 없는 들꽃 되어

강 넘어 영 넘어
간다는 세월이야 어쩔 수 없지만
삶에 가해진 보이지 않은 상흔은
이 가슴에 한이 되어 남겠지

들국화는 그래도
이름 가진 들꽃이지만
가난과 서러움으로 길들여진
이름 없는 들꽃 되어
가슴속 이는 바람 한숨 되어 남겠지

햇살 기울고
소슬바람 옷깃 스치는 가을
석양 길에 홀로 서면
세상 괴로움이 다 내 것인 양
애처로운 설움이 안개 되어 남겠지

어차피
이 공허한 삶만이
내가 얻은 몫이라면
아무 데서나 피고 지는
이름 없는 잡풀이면 어떠리

바람 잘 날 없이
고달팠던 인생도
가슴속 응어리진 많은 언어도
이제 다
강 넘어 영 넘어
간다는 세월에게 맡겨 내리리라

목련화

목련화를 보면
육 여사가 떠오른다
긴 목에 확 퍼진 한복
하얀 치마로
폭 감싸 줄 것 같은
포근하면서도 우아한 모습

저 멀리
세상 밖으로
멀어져 간 그녀
해마다 피는 목련꽃 속에
우아하고 포근한 모습이
되살아난다

오늘은 쉬고 싶다

오늘은 왠지
해변을 걸으며 외롭고 싶다
서늘하고 쓸쓸한
가을 바다이지만
그런대로 풍치가 있으리라 싶다

소리 없이
뒤따르는 자국마다
미움인지 그리움인지를 채우며
꺼욱꺼욱
속 토해 내면서
오늘은 외로운 바다새가 되고 싶다

힘들고 외로울 때
서로 한마음 한 몸 되어
마음껏 소리치며 울고 웃는 바다
오늘은 왠지 바다가 그립고 부럽다

오늘만이라도
저 넓은 바다에
내 남루한 삶 풀어놓고
바다 저쪽
길게 누운 수평선 위에
내 치진 나래를 쉬었으면 싶다

늙은 새 되어

어느 외딴 섬에 갇힌
한 마리의 늙은 새 되어
짧은 목 늘이고 무엇인가
하염없이 기다린다

보이지 않는
무엇을 잡으려고
힘없는 날개로 허우적거리다
날개 지친 늙은 새여라

살을 에는 아픔과
한 가슴에 넣고
"인간의 운명은 누가 주관하나요?"
힘없는 소리로
꺼억거리다 지친 늙은 새여라

무슨 사연인지
그 눈과 마음에 담고
더 이상은 안 된다고 아니라고 몸부림치다
스러져 가는 외로운
늙은 새여라

오월의 향기

올해도 오월은
어김없이 찾아와
아카시아 향기를 이 땅에 뿌리네

나도
어김없이
그 향기 속으로
추억을 깔고 그리움 띄우지요

그리고는 같이 어우러져
하늘 끝까지 여행을 떠나지요

약속은 전설 되고

햇살은
고르게 세상 적시고
꽃과 더불어
봄바람 상쾌한데
온몸 타고 흐르는 외로움은
그리움의 나라로 나들이 가네

내가 너 되고
너가 나 되며
우리 서로 하나 되어
부족한 것은
살면서 채우자는 약속
두 가슴에 굳게 새겼는데

세상에는
보이지 않는 적도
높은 벽도 하도 많으니
맺은 약속은 전설 되고
보이지 않는 성을 사이에 두고
서로를 아쉬워하네

햇살은
고르게 세상 적시고
은은한 풀 향기에 봄은 짙어 가는데
가슴 타고 흐르는 그리움은
이슬 되어 몸을 적시네

무제

무언 속에
가두어 버린 것들
줄줄이
다 쏟아 버리고
경쾌하고 고운 음악 두어 가락 띄우고
몸에 실린 세월의 무게도 아랑곳없이
소녀처럼
그렇게 달리고 싶다
세상 끝나는 날까지 마구 달리고 싶다

- 서울에서

뉘 있어

어느
뉘 있어
내 손 잡아 주리
뉘 있어
내 외로울 때 동무가 되어 주리

어느
뉘 있어
내 한숨 거둬 주리
뉘 있어
내 아파 울 때 눈물 씻어 주리

어느
뉘 있어
내 고통 덜어 주리
내 마음 흩어질 때 잡아 주리
누가
날 이렇게
홀로 버려두셨나요?

바보스러운 삶

나는 세상의 무대에
올려지면서부터
바보라는 배역이 주어졌지
언제나 바보처럼 웃어야 했고
바보스러운 삶을 살아야 했으니까

내가 슬플 때나 즐거울 때나
내가 답답할 때나 아프고 외로울 때도 어김없었지
그래야 모든 것이 편해지니깐

그렇게 여기까지 오는 동안
내가 이길 수 없는 어떤 감정이
긴 세월을 두고
내 영육을 먹으며 클 대로 커 있었다

하지만
그 주어진 배역이
어렵고 힘들 때마다
내 아이들은 큰 용기와 위안을 주었지
이런 나약한 나를 원망도 하겠지만

그 배역이
끝나는 그날까지
바보스러운 웃음 지으며
또 그런 삶을 살아야겠지
그러면 다 편해지니깐...

얼굴

언제부턴가
거울에 비친 얼굴을 보면
불쌍하고 미워서 눈물이 난다

인생의
슬픈 삶의 흔적
누구도 피할 수 없는
것이기에 더욱 그렇다

숱한 고뇌의
날들이 묻었고
한과 서러움이 담긴
흔적이기에 더더욱 그렇다

주름 속에
아쉬움 감추며
애써 태연한 척 웃는 얼굴이
칼로 쪼개고 싶도록 미워진다

낙엽

내 몸이
머무를 곳이
어디인지도 모르고
그냥 몸부림치며 운다

무엇이
그토록 서럽고 억울해서
알 수도 없는 말로
밤새도록 중얼거리며 운다

이슬 내리는 밤이면
무엇이 그리도 한스러운지
온몸이 다 젖도록
흐느껴가며 우는지

어느 꽃상여 속에 든
주검과 같이
흙으로 돌아가는 것이 두려워
온몸이 부서지도록 몸부림치는지...

비야 퍼부어라

비야
내려라
내 몸에 있는 모든 무지한 낙서가
다 지워질 때까지

비야
쏟아져라
내 속에 차 있는
모든 망상과 허상이
다 씻겨 없어질 때까지

비야
퍼부어라
끝까지 퍼부어라
세상 모든 오물
다 떠내려갈 때까지…

- 어느 해 7월 비 많이 오는 날에

수평선

포근하게 감싸 오는 연인의 정인 듯
그냥 그대로
사르르 취하고 싶다
햇볕도 따사로워 사람을 녹인다

하늘과 바다는
영원히
만날 수 없는 운명이던가
그래서 지우려야
지울 수 없는 수평선이란 선을 그었나
그렇다면 그렇게 금 긋고 살지 뭐

수평선을
넘나드는 갈매기에게 애틋한 사연 전하며
각자에게 주어진 운명
열심히 또 열심히 살자고...

수평선 한 줄의 금이
두 마음의 시야를 흐리게 한다

- 97. 9 추암에서

눈

세상이
어지러워 빙빙 돌다가
제자리도 못 찾고
숨 가쁘게 살다가

외롭게
죽어 간 영혼들의
빈 가슴에
오늘은 눈이 내린다 포근하게...
•
눈송이처럼
하이얗고
깨끗한 마음들이
탁하게 흐린 세상 골고루 물들여라

무엇인가
채워지지 못한
내 육신의 은신처에도
눈이 내린다 밤새도록 내린다

가을의 문턱

구름은
하늘 따라 높아만 가고
어느새
소슬바람 살갗에 스민다

매미 소리도
기운을 잃어 가는데
가시로 뭉쳐진 밤송이는
알밤 키우는 재미에
신이 나 함박웃음이다

들에는
연노랑 파도가 일고
밤이면
마알간 이슬에
샤워를 하는
자연의 싱그러움
하늘하늘 발레를 추는
코스모스 길 걸으며
들국화를 생각하는 얄궂은 심사
아마도 가을의
문턱인가 부다

새벽안개

이른 새벽부터
문밖을
서성이는 자 있었다네

선잠 다스리며
그녀는
조용히 문을 열었다네

성급한
그자는 몰리듯 들어와
그녀를 휘감았다네

그녀는
행복했다네
그자와 함께 황홀하였다네

그자는
아주 서서히
그녀를 놓고 떠났다네
촉촉한 체온과 허무감만 남겨 놓고

- 93. 안개 낀 새벽

하얀 달이 뜨면

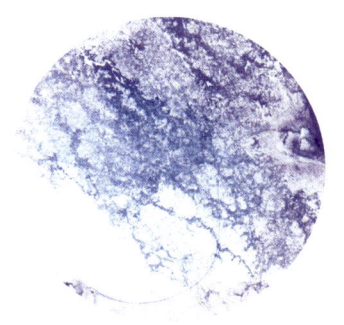

내 가슴에
하얀 달이 뜨면
몸과 마음이 하얗게 바래고
온기가 가시면
세상에 없었던 것처럼
하얗게 지워지겠지

세상에
살면서 기뻤던 일도
가슴 아팠던 슬픈 사연들도
하얗게 다 지워지겠지
내 가슴에
하얀 달이 뜨면

긴 세월 동안
아닌 양 그리워했던 사람
그리고 원망했던 사람
사는 곳은 다르지만
언제나 내 마음속에
같이해 온 사람이기에

내 가슴에
하얀 달이 뜨면
그곳이 어디든 찾아가리라

코스모스

늦가을
찬 서리에
청초한 모습 잃었구나
여름내 이는 시름
너의 해맑은 웃음에 실었더니

이별의 슬픔은
그리움을 잉태하고
짜르르 아린 가슴에는
커다란 이슬이 맺히는구나

짙은 서러움
그 무게가 너무 무겁고 차가우니
쓰러질 듯 야윈 몸에
가을 햇살 포근히 감싸며
내년을 기약한다

청문회

살기 좋은
세상이라고는 하지만
TV만 켜면
"너 먹었지?
"안 먹었어!" 오리발이다
"왜 안 먹어 먹었잖어!"
"생각이 안 나, 기억에 없어
"왜 안 나, 얼마나 먹었어?
넌 구속이야~~"
이것이 요즘 높은 곳에서 하는 일이다

음, 조금만 먹지
너무 했구려 높은 양반님들
등 춥고 배곯은 사람이
얼마나 많은데...
그러고도 국민의 선구자라고
큰소리는

오리 발이 불쌍하고 부끄럽소
높은 양반님들
너무 했구랴
정신 똑바로 차리고 잘하슈들
국민이 지켜보고 있소
이것은 우리 국민의 합창 소리입니다

실직자의 아픔

IMF
소리 없는 전쟁
보이지 않는 총알 맞고
고통스러운
뒤틀림 속에서
새어 나오는 수많은 신음 소리

쉴새 없이
몰아치는 IMF 한파
밀려드는 억울함과 분함을
스스로 감당 못 해
몸부림치며 통곡한다

인동초

갓 시집온 새색시
알맹이 없는 시집살이
그 얼마나 어려울까
힘든 애옥살이 가여워서 어이할꼬

OECD 가입한 지
얼마나 되었다고
IMF가 웬 말이며
외환 외채 또한 웬 말이던가
어찌 그리도
대책 없이 살았더란 말인가

이제 우리
모두 하나 되며
서로 끌어안고 인내하며
이 힘든 경제 난국에서
수치스러운 이 시대를 이겨 내야지

그 긴 세월
인고 속에서
억척스레 피워 낸 인동초
온 누리에 향기 되며
안정과 평화를 누리게 하소서

- 1997. 12. 25. 새 대통령 김대중께

IMF는 숨찼다

1998년은
너무도 숨찬 해였다
정리 해고당하면서 숨찼고
지쳐 보이는 자식들
뒷모습 바라보면서 그랬고
끓어오르는 분노를 누를 수 없어 숨찼다

희망 사항도 많았고
불신 사항도 많았지만
잃은 것이 더 많은 해이기도 했다

내 사랑하는 딸은 콩팥을 잃었고
날개 잘려 날지 못하고
둥지 잃고 우는 자도 많았다

숱한 불신과
시련을 감내해야만 했던
유난히 가슴 시렸던 해이기도 했다
때아닌 이산가족도 많이 생겼다

휴우~ 바다도 숨이 차는지
일렁임이 거세어진다

올해는
IMF가 몰고 온 모든 어려움이
속속 풀려서
누구나 한숨 돌릴 수 있는
넉넉하고 유복한 해가 되길
간절히 소망한다

- 99년 1월 1일 정리 해고 되면서

금 모으기

방방곡곡
너도나도
나라 빚 갚겠다고
반지나 목걸이나
금 모으기 운동이 한창이다

평생 동안
애옥살이
인연 깊게 살다 보니
금은 없고 은도 없고
근검절약하는 마음으로
금 모으기
대신하오

선거 날에

각자 각자
심중에 간절한 염원 안고
투표소로 향하는
조심스러운 걸음걸음

한 표 한 표
떨리는 가슴 정갈한 손길
소원하는 마음마다
헛되지 않기를 기원하오

지각없는 양반님들이여

내가
할 일이 무엇인지
권세가 뭔지도 모르면서
모래 위에
성을 쌓는 귀하고도 높은 양반님들아

파도의
높낮이가 어떤지
바람 부는 방향도 모르면서
배만 띄우면
된다는 지각없는 높은 양반님들아

OECD가 뭔지
IMF가 무엇인지
그 뜻도 모르는 채
고통 분담 명목으로 희생당해야 하는
국민이 가엾지 않은지요

이렇게
소리 없는 전쟁 속에서
소리 없는 총알 피하고자
애쓰는 저 몸부림
저 신음 소리가 들리지도 않나요

이래저래
죄 없는 서민들만
허리띠 졸라매라 야단이니
안 그래도
얇은 허리 끊어질까 두렵소

공상이란 놈은 정직해

눈만 감았다 하면
공상이란 놈이 찾아와
친구 하랜다
기와집도 지어 주고
대통령도
세계 여행도
원하는 거 뭐든지
다 해 준다고 친구하잰다

공상이란 놈은
거짓말도 안 해
형체가 없는 게 탈이지만
높은 사람들도 앞뒤 가리지 않고
거짓말도 잘하는데
오리발은 얼마나 잘 내미는데
선수야 선수~
그래서 죄 없는 서민들만 울리고
그렇지? 안 그래 공상아!

공상이란 놈은
하나도 거짓말 안 해
눈만 감을라치면
내가 하고 싶은 것 다 해 주거든

웃고 싶으면 웃고 울고 싶음 울고
보고 싶은 사람도 만나게 해 주고
세계 제일 부자도 되게 해 주고

내가 잘 때나 일할 땐
저 혼자 잘 놀다가도
틈만 나면 용케 알고 또 친구하잰다

공상이란 놈은
피곤하긴 하지만 배신은 안 해
높은 사람은 배신도 잘하는데
그치? 아잉 공상아~

내 아픔의 끝은 어디인가?

부질없는 세월에
목을 매고 몸부림치며
덧없다 덧없다 하면서도
여기까지 왔건만
슬픔과 고통은 끝이 없더라

분신의 아픔은
긴 한숨 더 늘여 놓았고
실오리 같은 희망마저
끊어진 절망감뿐이다
아무리 둘러봐도 앞이 안 보이네

수많은 고개 고개를
울며 넘을 때
뚜벅뚜벅 자국마다
슬픔과 괴로움만 고이네
걸어도 걸어도 끝이 안 보이네

- 98. 서울대학병원 81병동에서

대관령도 울었네

대관령 굽이굽이
빗물과 함께 돌았네

신부전증 딸
병원에 두고 모정은 울었다네

분신의 아픔
눈물 되어 가슴 적시네

설움 많은 모정에
또 하나의 아픔 더하네

굽이굽이 아픔 고개
눈물과 함께 돌고 돌았네

- 98. 대관령을 지나며

인공신장실에서

신장 아파
몸에 있는 피 모두 빼내어
호스에 담고
누워 있는 창백한 딸의 모습 지켜보며
혈관 속속 스며드는 심장 뜯기는 아픔
감당 못 해 눈물을 삼킨다는 것이
얼마나 큰일이기에
세상 아픈 비 혼자 다 맞으며
고작 몇십 년을 살고 말 것인데
속 깊고 착하기만 한 딸
너가 왜 아파야 하느냐
왜 하필 너인 것인가
그 아픔 내가 대신할 수 있다면

이런 일 저런 일 다 없었고
또 아닌 것으로 되돌릴 수는 없을는지
자식 가슴 찢어지는 것보다
부모 가슴 찢어지는 것이 낫다는 말
또 한 번 실감할 뿐
아무것도 해 줄 수 없는
어미는 그저 미안해서 기가 막힐 뿐이다

세월은
미련도 아쉬움도
인간의 고통도 외면한 채
무심하게 잘도 흐르는데
...
지난 일 다 지우고
다시 시작할 수만 있다면

나무 숲 사이로 비치는
아침 햇살처럼 싱그럽고 힘차게
그렇게 말이다

한 백 년 살아야

인간으로 태어나 한 백 년 살아야
삼만 육천 오백 날인데
어찌 그리 길고도 지루한지

수억 날이나 되는 듯
물 쓰듯 대책 없이 살다 보니
어느 틈에
이만 이천 칠백 삼십 일이나 살았구랴

돌아보니
뭐 하나 해 논 것 없이
자식들에게 짐만 되는
혐오스러운 몸뚱이만 남았구랴

알알이 맺힌
수많은 사연 추억과 함께
연륜 속에 가두어 두고
생각일랑 말자고 다짐해 보지만

이제 남은 날 몇 날이나 되는지
나는 모른다네
그리고 내가 왜 이리 답답한지
그것조차 모른다네

당신에게

여보시오
영혼이라도 있다면
그렇게 바라만 보지 말고
저 불쌍한 것들 좀 도와주시오
이 힘든 세상을 힘차게 딛고
살 수 있도록 용기를 주시오

여보시오
진정 영혼이 있나이까
더 이상 마음 아프기 싫습니다
긴 세월 하루같이
가슴에 커다란 납덩이를 넣고 살았는데
얼마나 더 그래야 합니까
이제 그만 사슬에서 풀어 주소서

이제 늙고 병든 몸
자식들에게
쓸모없는 짐만 되었구랴

그래도 아직 살아 있다는 것은
할 일이 남았다는 것일진대
그것을 잘 알기에 더 괴롭고 안타깝구랴
진정 영혼이 있다면
제발 힘을 보태 주구랴

달빛 손님

달빛 손님이
조용한 미소로 문을 두드린다
달빛은 선명하다 못해
마음속마저 환해지는데
조용히
손님 맞는 외로움
아름아름 사연 엮으며
가을밤 지낸다

삶의 흔적

망가진 몸 속 들여다보면
온갖 잡상雜想들이 몸부림치고

찌그러지고 구멍 난 뼈를 보니
온몸이 와르르 무너질 것 같다

수라장처럼
시끄러운 속 누르고 보니
삶이란 이런 것인가
이런 것이 삶의 흔적인가 싶다

산산조각 난
몸과 인생人生을 놓고
아무런 감정도 없이
복잡한 속 멍하니 들여다볼 뿐이다

이젠 나도
이 지겨운 삶의 끈을 놓고
고요히 눈 감고 쉬고 싶다
오래도록 깨지 않는 잠을 자고 싶다

그분이 떠나던 날

미친 듯이 사뭇 거세게 쏟아지는 비
당신의 한 맺힌 피눈물이던가

한 많고 설움 많은 세상에서
청운의 뜻 한번 펴보지 못한 채
떠나는 억원의 눈물이던가

이승에서 외롭고 고통스러웠던 것처럼
홀로 가는 길
외롭고 슬퍼서 쏟는 이별의 눈물이던가

철부지 아내에게 천금 같은 자식들
가난과 함께 맡기고 가는 것이
가슴 찢겨 쏟은 통탄의 눈물이던가

한 많은 남편은 눈도 감지 못한 채
싸늘하게 식었고
철없는 아내는
미친 듯 퍼붓는 비와 함께 미친다

정해진 시간을 살면서
그 시간의 참 의미를 알고
그 뜻대로 살고 간 사람이 과연 얼마나 될까

누구나 자기 삶에 만족하지 못하고
부족한 삶을 산다고 발버둥 치다가
그렇게 가는 것이거늘

밤새도록 그분은 많은 눈물을 쏟으며 떠났다
아이들은 아버지를 보내고 슬펐고
철부지 아내는 미친 듯 쏟아지는 비와 함께 미쳤다

- 00. 8 비 많이 내리는 날 밤

여한 餘恨

나는 자주 나를 들여다본다
그럴 때마다 축축한 끈적거림 같은 것이 묻어난다

긴 세월을 살았건만 아직도 그 무엇이
폐허 된 내 영역에서 기대와 아쉬움 되며 끈적거린다

그동안 쌓인 것들 하나하나 들추어 보면
모두가 부질없는 것들인 것을
미웠던 것도 사랑했던 것도...

아직도 나를 들여다보면
외로움과 남모를 아픔들이
짙은 안개처럼 뿌옇게 묻어난다

아둔한 머리를 가진 덕에
가난이라는 옷을 벗지 못한 채
여한 되어 구천에 남을 듯싶다

이천 년의 마지막 밤

이천 년의 마지막 남은 장을
넘기는 손이 떨린다
온통 머리 속까지 윙윙거린다

이천 년의 어느 한 귀퉁이에
보잘것없는 한 삶이었지만
남 모르는 바람과 고통이 담겨 있는
세월이었기에 머리가 시큰거린다
이천 년이란 긴 시간 안에서
어렵게 차지한 귀중한 시간들을
무의미하게 보냈으니
마음이 떨리고 아쉬운 생각이 들겠지…

다음 천 년은 모든 바람들 씨앗 되어
부정한 것들과 가난 다 걷어 내고
밝고 건전한 해가 되었으면 하는
간절한 바람을 갖는다

TV에선 새 천 년을 시작하는 종소리가
자정을 넘기며
온 누리에 넓게 넓게 퍼진다

- 99. 12. 30. 자정

깍지의 슬픔

탱글탱글
깍지 속 알맹이들이
언제부턴가
네 개 중 두 개가 멍들려 한다

깍지는 노랗게 곱게
제 색을 못 내고
시커멓게 썩어 마르고 있다

여름밤

외로움은
어둠을 타고
오늘도 여지없이 몰려와
구멍 난 가슴을 헤집는다

열띤 몸
한여름 밤에
휘몰아치는 화염 속으로
그냥 이대로 던지고 싶다

어두움은
방 안 가득 쌓이고
고요를 깨는
시계 초침 소리만
밤새도록 흐느낀다

노고초老姑草의 밤

하늘과 땅이 온통 꽁꽁 얼어 붙은 밤
마음까지 꽁꽁 얼어붙는데

어두움은 차디찬
외로움의 골짜기로 한없이 몰고 가니
어디서부턴지도 모른 채
뼈저린 서러움이 여울져 넘친다

갈 곳도 올 곳도 잃은 영혼은
까닭 모를 눈물 삼키며
끝없는 비상飛翔의 날개를 펼치다
터무니없는 피해망상에 빠지고 만다

양 눈가에 온기를 감지하며
눈 녹듯 잦아드는 몸 뒤척이며
뿌리 아픈 눈 조용히 감아 본다

이렇게 하루를 마감하며
넓어져만 가는 외로움의 둥지를 쓸며
노고초의 얼굴엔
쓸쓸한 미소가 번지다

나는 울기만 했구랴

나는 울었다
공부 때문에 울었고
완고한 아버지가 원망스러웠고
나약한 어머니가 불쌍해서 울었다
무엇보다 자유가 그리워서 울었다

나는 울었다
병든 남편이 가여워서 울었고
떠나간 사람이 야속해서 울었다
사람이고 싶었고
여자이고 싶어서 울었고
냉철한 현실과 삶이 벅차서 울었다

나는 울고 또 울었다
가난 때문에 울었고
매사에 영악지 못하고
미숙한 내가 죽이고 싶도록 싫었고
진실이 없는 세상이 싫어서 울었다

나는 지금도 운다
부모 되어 그 소임을 다하지 못한
죄의식 때문에 울고 아이들이 안쓰러워 울고
좋은 딸, 좋은 어머니가 못 되어서 운다

고해苦海

누가 말했는지
인생人生은 끝없는 고해苦海라 했다네

이제는 끝이 보이는가 싶었는데
아직도 나는 그 가운데서 헤맨다네

이 항로가
언제 끝나려는가
아득하기만 한데
등대는 아직도 보이지 않는다네

배는 낡고
몸은 지치고 시간은 촉박한데
내 배는 아직도
바다 가운데 떠 있다네

계절의 징검다리

선풍기도 지쳐가는 8월 무더위는
달도 차기 전에
한낱 추억으로 남고

계절이 지나는
창공에는 가을이 넘치고
가을을 주워 담는
손길은 마냥 바쁘기만 하다

외로움

내 이제 늙어
노망인가
묻어 두었던 외로움 같은 것이
세상 나를 외롭게 하니 말일세

눈보라 치는 밤
열이 40도나 되는 감기 몸살에도
난 외롭지 않았는데

꽃이 피는 봄에도
낙엽 지는 가을밤에도
외로움 같은 것 묻어 버리고 살았거늘

마음 아프면
아이들과 일로 다스리고
몸 아프면 진통제 한 알로 참았는데

그렇게 젊음도
갱년기도 뛰어넘으며 살고 나니
어느새인가
노병이 나를 차지했더구나

하늘에 별은
친구가 많아 외롭지 않고
해와 달은 빛이 있으니 좋으리라

나 이제 늙어
노망인가
묻어 두었던 외로움 같은 거
새삼 꺼내게 되니 말이다

- 01. 09. 어느 날

청각

세월의 흐름이 길어지니
들어오는 소리는 작아지고
나가는 소리는 커지고 있다

질그릇
깨지듯 투박한 소리
그 사이사이로
세월이 묻어나고
이렇게 해서
인생이 마무리되는구나 실감한다

의문

부부지간이나
부모 자식 간도
모든 면에서 서로가
동등한 선에서라야만이
행복해질 수 있는 것일까?

저당 잡힌 인생

우울병이 돋은 것일까
오늘은 죽고 싶을 만큼 괴롭다

제아무리 천한 인생이라지만
무엇엔가 저당 잡힌 것 같은 억울함
순간순간
뭔지도 모를 원망 같은 것이
TV 속 자막처럼 머릿속을 스치곤 한다

전생에 지은 죄
진 빚이 너무 많아서일까
빨리 죽지도 낫지도 않는
가난이라는 큰 병을 안고
마음 놓고 한번 크게 웃어 보지도 못하고
항상 불안 속에서 떨어야 하리

비집고 들어설
틈조차 없는 현실 앞에서
두 발 질질 끌며
언제나 남의 등 뒤에 서야만 했다
그나마 이제는
그것조차 알 수 없게 되었다

언젠가는 이 지루하고
피곤한 여행의 일정이 끝나면
외롭고 지친 영혼 되어
회색빛 뚝뚝 떨어지는 육신을 떠나
저당권에서 풀린 듯
홀가분하게 떠나겠지

파도

해가 바뀌니
한 해 동안 누적된 것들
꾸역꾸역 토해 내며
무엇이든
집어삼킬 듯 흰 이빨 드러내고
밤새도록 기승을 부린다

한바탕 그렇게
요동치며 울부짖고는
제풀에 풀어져 평온으로 돌아간다
그들만의 망년회인가 보이

새날의 찬란한 일출
한 몸에 받으며
수많은 생명 한 품에 안고
잔잔한 미소와 희망 뿌리며
아무 일도 없었던 것처럼
수평선 저쪽으로 유유히悠悠 돌아간다

철 잊은 할미새

몸은
봄가을을 지나
한겨울에 서 있는데
마음은 아직
봄에 머물러 허황된 꿈을 꾸네

몸과 마음이
함께 했으면 좋으련만
제철 잊은 할미새
그의 마음은 아직
텅 빈 허공을 헤맨다네

봄은
봄 여름 가을 지나
한겨울에 서 있는데
마음은
아직도 봄에 머물러
끝없는 광야를 헤맨다네

인생人生 막바지에서

젊음이란
흔적도 없이 사라지고
달덩이 같다던 얼굴은
주름상자로 둔갑하고 말았네

온몸 또한 쑤시고 저리니
피돌기가 시원찮음일 테고
내려앉은 세월이 무거우니
척추인들 온전할까

삐걱거리는
관절마다 통 바람이 드나드니
몇 발이면 갈 길도
온몸 저으며
한참을 걸어도 그 자리에 있네

짓무른 두 눈엔
눈물 마를 새 없으니
따갑고 시리고 짠맛을 느끼며
이빨이 빠지고 썩어대니
냄새인들 오죽할까

이제 남은 것이라곤
안개처럼
덮어 오는 외로움과 소외감
죽음이 지척인 것 늦게야 눈치채니
이야말로 인생 막바지에서
후회와 두려움에 겁먹어
어질증까지 도지네
아직 덜 여문 콩이 있는데...

허수아비의 비상飛翔

가을걷이
끝난 빈 들판에
은빛 찬 서리 눈이 시리고
살을 에는
칼바람 기승을 부리는데
할 일 없이 서 있는
초라한 허수아비

가을볕에
알알이
익어가는 황금 들판에서
땡그랑땡그랑
깡통 종 울리며
후여~ 후여
참새 쫓던 시절 그리며
초라하고 일그러진 얼굴에
잔잔한 미소로 겨울을 맞는다

다시 태어난다면

내가 만일
다시 태어난다면
타인에게 날 내어 주는 일
두 번 다시 않으리라

내가 만일
이 세상에
다시 태어난다면
꿈도 희망도 가꿀 줄 아는
약고 당찬 인생을 살리라

가난해서 잃은 것들 모두 찾으리라
베풀지 못한 한도
내 기어코 풀어 보리라

내가 만일
다시 태어난다면
다시는 얼뜬 삶
되풀이되지 않게
야윈 내 영육 살찌우며 살리라

흰자위 없는 눈으로

흘러간 세월
그때는 그리도
괴롭고 원망스럽더니
지금 와 생각하면
그때가
그래도 행복했노라고 하고 싶다

이제 모든 것이
머언 약속이 되었고
지을 수 없는
아픈 추억으로 남았지만
그래도
그때가 그리웠노라 하고 싶다

인연이 있어
다시 만날 수만 있다면
가난과 고통, 이별
그리고 흰자위 없는 눈으로
서로 바라보면서 살고 싶다

파문波紋

지극히
잔잔하던 내 호수에
어느 날 그대
몰래 내리는 새벽 눈처럼
내 가슴에 들어온 그날부터
크고 작은 파문이 일기 시작했다

마음 한 자락
그리움으로 시작해서
애증으로 엇갈리는 서글픈 사랑
원망과 연민 그리고 불신
그리고 살 뜯기는 사별과 슬픔

아련한
모정의 아픔과 회한
애타는 목마름에게 기다림을 넘어
온몸 저리게 하는 모자람
아쉬움과 포기까지

이런 것들이
내 호수를 흔들어 놓았고
오늘도 쉬임 없이 그곳에는
크고 작은 파문波紋이 일고 있다

시 충時蟲

나는 내가
누군지 잘 모른다
어디서 왔는지
왜 사는지
또 어떻게 살았는지
어떻게 살아야 하는지조차 모른다

나는
나를 잘 모른다
그냥 이렇게
귀한 시간만 축내는
시간벌레라는 것밖엔
아무것도 아는 것이 없는 것 같다

언제나 그렇지만
보이지 않는 족쇄에 걸렸으니
몸조차 내 것이 아니다
다시 말해서
나에겐
자유自由마저 머무를 수 없다는 것이다

그래서 항상
가슴이 답답하다
이 악물고 누르고 또 눌러도
한숨이 샌다
팔자 사나운 계집이라고 하는데도
그냥 샌다 휴우~ 하고

이렇게 나는
내가
시간만 축내는
시충時蟲이라는 것뿐
아무것도 아는 것이 없다

외로운 영혼들

그믐밤 하늘을
곱게 수놓는
수많은 별 중에 단 하나라도
시커멓게 죽어 가는
가슴들을 비추어 준다면 조금은 덜 외롭지 않을까

그믐밤
들녘에 몰래
맺히는 이슬방울 하나라도
새하얗게 지워져 가는
기억들 알아준다면 조금은 행복할 텐데

봄밤에 내리는
빗줄기 중 단 한 줄기라도
무말랭이처럼 시들어 가는
외로운 영혼들의 목을
축여 준다면 조금은 서럽지 않으리

하나둘
스러져 가는 외로운 영혼
지워져 가는 기억 따라
희미하나마 추억을 더듬는 눈가엔
진한 그리움과 미련 같은 것이 떨고 있다

어길 수 없는
긴요한 약속이듯
세월은 빈틈없이 거두어 챙기고
버리며 쫓기듯 허둥대며
말없이 냉정하게 달리기만 한다

- 03. 4. 30 강릉 아산병원에서

사별

둘이 함께
그릴 수 없는 미래未來였더라면
차라리 시작이나 말았을 것을

그래도 동정 같은 사랑이나마
아직 내게 남아 있는 것일까

옅은 안개 같은
희미한 그리움 같은 것이
마음 한 켠에 서려 있음인가

문득문득
떠오르는 안쓰러운 아픔 같은 것이
나도 모르게 마음을 흔들어 놓는다

할미의 초겨울

해 떨어지기 무섭게
어둠이 기어들면
바람은 신이 나는지
낙엽을 뭉쳤다 부렸다 장난치며
아파트 골목을 마구 누비고 다닌다

바람 소리에
지레 겁먹은 할미는
오그라든 몸 더 움츠리며
해가 갈수록
더 추워진다고 중얼거린다

가난은 하지만
서로의 안에서 행복하고 싶었는데
아직도 덜 여문 자식이 걸려
가슴 찢기는 아픔이
할미의 시선을 흐리고
깊어지는 주름 골마다 눈물이 고인다

어쩔 수 없이
또 한 나이를 씹어 삼키며
뒤척일 때마다
'아구구'를 연발하며
해마다 밤도 더 길어진다고
또 한 번 중얼거린다

가장 슬프고 외로울 때

누구나 세상에 살다가
가장 슬프고 외로울 때가 있다
그것은 아마
자신을 책임질 힘이
없다는 것이 느껴질 때이리라

세상에 살면서
인간이든 짐승이든
호흡이 있고 없고를 떠나
자기를 스쳐 간 모든 것이
외면하고 또
내 머리에서 잊혀 간다는 것이
느껴질 때에도 그러하리라

사는 동안
아닌 줄 알면서도
못내 아쉬워하며 그리워했던
신기루 같은 꿈...
잊고 지우려 해도
그리되지 않을 때 또한 그러하리라

명이 다해
세상 떠날 때쯤
메아리처럼 고운 여운을 남기고 싶은데
그것이 안 될 때면
더욱 슬프고 허무하리라 싶다
메아리처럼 고운 여운을
남기고 떠나고 싶었는데...

작은 소망

봄
여름 가을
좋은 시절 다 지나가고
이렇게
얼어붙은 엄동에도
나의 작은 소망은
낡고 초라한 작은 뜨락베기에서
한소끔 연민으로 남아
스러져 가는 내 영육을 아프게 한다

상실감

꼭
어디론가
가야 할 것 같은데
그곳이 어디인지 모르겠다

분명히
뭔가를 해야 할 것 같은데
그것도 모르겠다

무엇인가
자꾸 잃어 간다는
상실감과 허무감만 생긴다

이제야 알겠습니다

당신은 그래도
나를 조금은 생각했나 보군요
그랬기에 늘
자네는 나 없으면 못 산다
라고 했나 봅니다
힘들고 몸 아프면 생각납니다

아카시아 꽃 필 때면
그 내음과 함께 생각납니다
그 속에서 손 걸며
행복하자며 약속했던 일
까마득히 잊었는데
이제야 생각이 납니다

들국화 피는
가을이면 생각이 납니다
들국화처럼
청초하고 여리다며
이 험난한 세상 어찌 살꼬
염려하던 일도 이제 생각이 납니다

당신은 나를
일찍 떠난다는 것

예측했나 봅니다
그래서 나는 고달팠고
당신은 나에게
외롭고 힘들어서도 원망이 되었고
기뻐서도 원망이 되었습니다

이제야
처자식을 무척이나
사랑했다는 것을 알겠습니다
유명은 달리했지만
고달프고 지칠 때마다
늘 곁에서 지켜 주었음을 감사합니다

이제 내 삶은
얼마 남았는지 모르나
착하고 효성스러운 자식들
원하옵건대
더 큰 사랑으로 보살펴 주실 줄 믿겠습니다
당신의 아내로서
당신 자식들의 어미로서 부탁합니다
그들이 원하는 것이 무엇인지
살피시며 변함없는 사랑으로
만인의 사람이 되도록 도와주세요

변변치 못한 이 몸
아내라고 맞아
16년이란 세월
내내 힘들고 외로웠을 당신
무던 이 사람 잘 압니다
이제 모든 것 다
털어 버리고 평안하세요

당신의 훌륭한 재능
자식에게 물려 주어
못다 한 한(恨)
그들로 하여금 푸세요
그리고 이 몸
세상에 오래 머물지 않게
당신 곁으로 불러 주세요

나
당신께
원망스럽고 미웠던 만큼
그리웠고 미안해서
가슴 아픕니다

할머니 부대

달려라
씽씽
할머니 부대 나가신다
새벽 공기 가르며
북극성 앞세우고
새벽달 뒤로하고
할머니 부대 나가신다

달려라 씽씽
오늘은 이 들판
내일은 저 들판으로
추우나 더우나
할머니 부대 가는 곳이면
무엇이든 문제없다
달려라
씽씽
할머니 부대 나가신다

- 03. 원주에서

삯돈(돈 삼 만원의 힘)

하루 종일
이 밭 저 밭 누리다 보면
어느새인가
산자락에 해가 저물고
들판에 땅거미가 내릴 즈음이면
시장기와 피로가 한꺼번에 밀려든다

자려고 자리에 누워 보지만
낮에 멍든 손가락은
쑤시다 못해 곪아 터지고
지칠 대로 지친 몸은
천근만근이지만
다리 저리고 숨찬 노모가
딸의 아픔 대신한다

밤잠 설치고 나면
눈꺼풀은 내려앉고 몸은 고단하지만
가슴에 품은 초라한 희망 한 가닥이
오늘도 내일도
뜨거운 들판으로 나를 내몬다
돈 삼만 원의 힘이 크기는 크구나 싶다

- 04. 08. 10 원주에서

산의 관용

하늘이 푸르러
유난히 하얀 구름이
살포시 내려와
상처로 얼룩진 산허리를
포근하게 감싼다

태곳적부터
지켜 온몸 도려내고
다른 뼈와 살을 접붙이하건만
많은 세월 같이해 온
이름 모를 생명들의
아픔만 말없이 지켜본다

먼 훗날
그 어떤 예측이나 하는지
허리를 잘리고
온몸 헤쳐지는 희생을 당하면서도
한 마디의 비명도
단 한 번의 몸부림도 없이
묵묵히 고통을 받아들인다

거부할 수 없는
뜻깊은 사연이기에
그 큰 아픔들을 침묵 속에 묻고
속울음 삼키며
모든 것을 한 품에 안겠지

하얀 구름은
먼 훗날을 기약이나 한 듯
서서히 산허리를 놓고
가볍게 가볍게
푸른 하늘을 오른다
왠지 싸하니 가슴이 젖는다

광동댐에서

홍조 띤 새색시
할미 되어
고향이라고 찾았더니
낯익은 이는 떠나고
살던 땅 살던 집
다 물에 잠겼으니
수면에 서린 안개 빗물 되어 흐르네

냇물에서
쳇바퀴로 고기 잡는 가시내
호들갑스러운 웃음소리
저녁노을 등에 지고
가시내 부르는
정감 어린 어머니의 목소리
그리운 메아리 되어 가슴 적시네

갓 건져 올린
꺽지, 탱수, 메기로 안주 삼고
젓가락 장단에
어우러지는 구성진 노랫가락
흐드러지는 춤사위
안 된 일에나 기쁜 일에나
어른들의 쉼터가 되었던

자갈밭이며 너레방석, 입쌀밭은 없지만
구수하고 정겨운
옥수수와 감자밭이 들썩거리고
풀 향기 그윽한 숲속에는
새끼 할미새가
머리만 빼꼼히 내밀고
어미 기다리는 할미새 둥지
냇가운데
큰 너럭바위는
가시내의 유일한 놀이터였고
행복한 섬나라였더만

간간이
일렁이는 수면 위로
한낱 추억 되며
그리움과 아쉬움 되어 뒹구니
세월의 무상함이 속 아려
서편에 깔린 노을마저
서글퍼진다

설악의 단풍 잔치

조물주가
이 땅에 가을을 보내니
가을은 이 땅에서
단풍 잔치를 흐드러지게 벌였다네
하늘은
한껏 높고 푸르니
구름도 하얀 이 드러내며 가을을 축복하고
깔 까르르
웃음꽃
빨갛게 노랗게 메아리치네

꽃밭으로 둘러싸인 파란 호수에는
하얀 인어가 한가로이 헤엄치며
길 한 모퉁이에 자리 잡은 돌무더기들도
수많은 소망 안고 나날이 덩치를 키우네

똑 또르르
사찰마다 해탈성불 기원하는
구성진 목탁 소리
가을과 더불어 혼연일체 되니
중생들 또한 머리 숙여
잠시나마 마음을 비워 본다

이렇게 인간과 자연이 하나 되어
가을 속으로 단풍 속으로
묻혔다 나왔다 하며
설악의 단풍 잔치는 무르익는다

- 06. 10. 30 설악산에서

홍수

하늘에
구멍이 났는지
쉴 새 없이 쏟아지는 장맛비
경쟁이나 하듯 이성을 잃은 채
밑으로 밑으로 떨어진다

세상은
순식간에 물바다가 되고
계곡은 아우성치며 아비규환을 이루는데
빛 잃은 가로등만이
키 큰 죄인가
홀로 세상을 지키겠노라고
안간힘이다

수많은 생명
숱한 삶의 터전
거리낌 없이 집어삼키고
빨려 들어갈 것 같은
강렬한 욕기와 유혹을 뿌리며
열렬熱烈히 굼실거린다

수마가
할퀴고 간 앙상한 빈터에서
무엇이든 건져 보겠다는
마음 마음마다 슬픔 맺히고
움직이는 손길마다 아픔 담긴다

잔인하게도
휩쓸고 간 참혹한 터에서
피어나는 사랑과 정성
따사로운 햇살 되어
무너진 보금자리 패인 상처
포근히 감싸 주고 따뜻하게 녹여 준다

사랑

태풍 루사가
지나간 빈자리에
수없이
뒹구는 아픔과 슬픔들
사랑으로 보듬는 그 손길 위에
상쾌한 바람이
송글송글 맺힌 피, 땀방울을
시원하게 씻어 준다

북한산 계곡 2

물 맑고 산세 좋으니
숲이랑 물이랑 뒹굴던 어린 시절
골뱅이 송사리 어울려
미역 감던 때가 그리웠더니만

오염된다 줄 매었으니
눈만 멀뚱멀뚱 줄만 잡고 섰네
이제 누구를 탓할까
누구를 원망할까

뿌얘지는 시야 너머에는
즐겁기만 했던 추억
아스라이 떠오르고
이슬방울마다
철없이 뛰어놀던 옛 동무가 어리네

까치의 모정

밤새 내린 눈길에
까치가 나들이하고 있다
이리저리 껑충대며
깍깍
친구들을 불러 모아 낭만을 즐긴다

지저귐과
발자국 숫자가 늘면서
마음들도 산만하게 흩어지고
푸르럭푸르럭
날갯짓들이 몹시 바빠진다

아마 눈 덮인 둥지 안
새끼들의 굶주린 배를
잠시 잊고 있었던 어미 까치들인지
하나둘 부산하게
자리를 뜬다

밤새 내린 눈길에
이리저리 산만하게 흩어져 있는
어미 까치들 발자국
그 위에 해님의 따뜻한 정이 종일 머문다

- 02. 이월 어느 눈 온 날 아침

무정세월

무엇인가 못다 이룬 아쉬운 마음에서
가는 세월 쉬어가라 통사정해 보지만
무정세월 그대로야 눈길 한번 주지 않네

푸르렀던 머리에는 서릿발이 내려앉고
연륜처럼 얼굴에는 주름살만 생기더니
무쇠 같던 두 다리는 어느새 새 다리 되었네

할머니와 선인장

쯧쯧쯧
무슨 죄가 그리 많아서
따닥따닥 붙은
새끼 선인장을 떼어 내면서
할머니가
어미 선인장이 불쌍해서 하는 말이다

너도 전생에
죄를 많이 지은 모양이구나
이렇게 많은 새끼를 치는 것을 보니

할머니는
어미 선인장이 불쌍해서
그만
눈물을 글썽이고 만다

없는 살림에
여러 자식 배부르게도 못하면서
배곯았던 옛일이 생각난 모양이다

쯧쯧 으이구
무슨 죄를 그리도 많이 졌기에
불쌍한 것 같으니라구

새끼를 떼 낸
어미 선인장 몸에서
진한 모정이 아픔으로 배어 난다

할미의 추억

예쁜 조약돌
요런 거 저런 거 골라
옷자락에 싸고
미꾸라지 잡아 검정 고무신에 담고
오밀조밀
정다운 조약돌 밭에 누우면
비릿한 물 내음과 함께
파란 하늘이
따가운 햇살을 안고
하얗게 하얗게 웃으며 내려앉는다
일곱 살 계집아이는 훨훨 하늘을 나는 꿈을 꾼다

빨갛게 익은 꽈리
치맛자락에 가득 싸고
작고 귀여운 산꽃 귓가에 꽂고
보드득보드득
입 안 가득 꽈리를 불다가
소 먹이는 언니들을 잃고
눈물범벅으로 엎어지며 자빠지며
신발도 꽈리도 다 잃었지만
마냥 즐겁고 행복하기만 했던 시절

할미는 밤마다 꿈길 따라
그곳을 헤맨다네
한없이 즐겁고 만만하기만 했던 곳
산도 들도 소 먹이는 언니 오빠들도
다 그대로인데
나만 커가고 있었다네
늙어 있었다네
일곱 살 계집아이는 그곳에 없었다네

홍시

늦가을이면
햇살 따가운
홍시 나무 밑이 그리워진다
어떻게 하면
저 빨간 홍시가
내 입으로 떨어질까
먼 옛날
홍시가 내 얼굴을 온통 덮었던
그때가 생각난다
내 입이 조금만 더 컸더라면
아쉬움에
울음을 터뜨렸던 철없던 시절
그때로 돌아가고 싶다
그냥 행복하기만 했던
그 옛날로

답답하게 조여드는 가슴
주체할 수 없습니다

밖엔 비바람이
천지가 떠나갈 듯이 몰아칩니다
'아웨니아'라는 이름을 가진 태풍입니다
나는 지금 악마에게
영혼을 빼앗긴 것 같습니다
기승을 부리는
비바람 속으로 달려가
그들과 합세하고 싶습니다
그리곤 세상을 막
뒤엎어 버리고 싶은 충동을 느낍니다

답답하게 조여드는 가슴
주체할 수 없습니다
태풍이라도 되어
마구 부수고 삼키고 싶습니다
끝없이 이어지는
내 일상들이 너무 견디기 힘듭니다
악마에게 내 착한 영혼을 빼앗긴 것 같습니다
가슴이 조이고 아픕니다
미칠 것 같이 마음이 아픕니다

- 06.07.08 태풍 부는 날

이제는 외롭지 마소서

공동묘지
외딴곳에 모셔 놓고
긴 세월을 두고
가슴 아팠고 무거웠습니다
늦게나마
이런 좋은 곳에 모시게 되어
한량없이 기쁘고 자랑스럽습니다

30여 년 동안
외롭기만 했던 당신
이제는 외롭지 마소서
모든 근심 내려놓으시고
님들의 낙원인 이 땅에서
여러 친구분들과 그 여한을 푸십시오

많은 세월을
네 아이들과 힘겨운 하루하루에
삶을 포기하고 싶을 때가
수없이 많았지만
그네들이 있어 힘이 되었고
또 오늘을 보게 되었습니다

당신 없는 빈자리가
아이들도 나에게도 힘들긴 했지만
그대들의 무한한 보살핌이 있고
사랑하는 후손들과
보람찬 오늘이 있고 내일이 있기에
든든하고 행복합니다

이곳에서
군복에 훈장을 단
6.25 참전자분들을 뵈었습니다
당신을 뵌 것 같이
가슴 떨리고 감사한 마음에
눈시울이 뜨거웠습니다
새삼 '그립다' 말할까 봅니다

당신들의 거룩한 넋 앞에서
머리 숙여 기리는 마음이
사뭇 떨리옵니다

- 대전 현충원에서 어느 6.25 참전자의 아내

자화상

은빛 달빛이
저녁 물 위에 깔리면
나는 너의
잔잔한 미소를 생각하곤 한다

거센 빗물이
길 위에 넘치면
두려움에 흔들리는
너의 두 눈망울이 떠오르곤 한다

늦가을 바람에
코스모스 몇 송이가
나풀거릴 때쯤이면
너의 고운 볼을 타고 흐르던 눈물이
내 온몸을 타고 흐른다

삶이 벅차
슬프고 괴로울 때면
세상 물정 모르는
순수하고 때 묻지 않은
너의 가녀린 모습이 못내 그립다

바람

살랑살랑
바람이 심심한가 보다
잠자는 국화도 깨우고
코스모스도 깨우고

짓궂은 바람은
팔랑팔랑 한들거리며
이렇게 좋은 날에 너희들 심심하지 않니
나와 함께 춤추지 않을래
툭툭 건드려 본다

국화도 코스모스도
화알짝 웃으며 손을 내밀고
살랑살랑 꽃향기 풍기며
바람과 함께 입맞춘다

해님도 덩달아
신이 나 종일 웃다가
귀가 시간을 놓쳤는지 서둘러 서산을 넘고
그것도 모르는 바람은
어두움 속에 아쉬움을 묻으며
내일을 약속하며 걸음을 재촉한다

계절의 복판

지겹던
불볕더위도 꼬리를 내리고
들에는
토실토실 벼를 살찌우고
마당에는 빨간 고추를
한 뼘 두 뼘 늘리며
하늘은 푸르게 푸르게 높아만 간다

햇살
기우는 석양 길은
제법 서늘한 기운마저 들고
성급한 귀뚜라미는
채 여물지도 않은 목소리를 돋우어
가을을 재촉한다

이렇게
계절의 복판에 서면
계절의 변화도 그렇겠지만
훌쩍 떠나 버리는
세월이 아쉬워서일까
괜히 마음만 바쁘고 서글퍼진다

쉼터라는데

세상은
누구나 잠시 쉬어 가는 쉼터라는데
그 잠깐이
나에겐 너무도 긴 고행이었다

달빛이
아름답게 수놓은
차디찬 늦가을 밤이면
가슴에 스민
한스러운 노래가 더 서글퍼진다

늦가을 밤하늘
이슬 머금은 별빛 받으며
험하고도 긴 여로는
허공 속에 묻고
아픈 이슬일랑은 쉼터에 뿌려두리

- 99년 가을

6

나는 강남 할머니

첫 눈의 약속

어느새
허허벌판이 된
찬바람 뒹구는 스산한 땅

찬바람
지날 때마다 흐느끼며
떨고 있는 창백한 낙엽들

그때마다
그리워지는 첫눈
포근히 감싸안으며 속삭이는 첫눈의 말

이 겨울 다 가면
생명이 약동하는 봄이 온다고

그때
우리는 언 땅 녹이고
좋은 씨앗의 밑거름이 되자고

비난수

정월 대보름날
연꽃 초에 불 밝혀
강물에 띄우고
노든 액운 걷어 내고
천운을 주십사
용왕님께 비는 마음 모정 어린다

자식들
소원 성취 비는 마음
모정과 함께 보름달에 담고
비나이다 비나이다
합장한 손 달빛 아래 떨린다

- 98. 02. 11 정월대보름 북평강에서

아쉬움

조금이라도
나에게
타다가 남은 열정이 있다면
아낌없이 태우고 싶다

수없이
튀는 불꽃처럼
허공을 아름답게 수놓으며
한 줌의
재가 될 때까지
마냥 태우고 싶다
그냥 그대로 영원히 타고 싶다

나 홀로의 인생

껑충껑충
정신없이 달려 세월을 쫓다 보니
어느새 칠십 늙은이 되었더라

가까웠던 것들은
세월 따라 물 따라
하나둘 멀어져만 가고
남은 것이라곤
초라한 나 홀로의 인생뿐

모든 것 다 잃고
마지막 남은 작은 희망까지
포기한다고 생각하니
허무라는 것이 어떤 것인지 실감 나네

비록 고된 몸에 세월은 실었지만
속 깊이 뭉쳐 두었던 작은 욕심
대관령 굽이굽이 풀어 놓으니
이리 후련할 줄이야!

마지막 삶에 담고

아리도록
그립고 고운 사연들
참을 수 없이
슬프고 아팠던 기억들
마지막 삶에 담아 본다

즐겁고
아름답고 행복했던
추억일랑은
이슬 내리는 새벽처럼
가슴 한 켠에 곱게 담아보고

세상에 살면서
잠깐 빌렸던 육신
수의 한벌 곱게 입혀
자연으로 즐겁게 돌려보내고

그동안
같이 했던 귀한 인연들
건강과 소원 성취 빌어 주고는
나에 관한 모든 것
전부 훌훌 털어 버리고
기쁘게 웃으며 가리라

그리움

밤하늘 가득히
그리운 사연 뿌려 두고

굴곡 많은 세상 길
하염없이 헤이다가

가슴속 맺힌 한
구구절절 쏟아 놓을 곳 생기면

이슬방울 서럽게
밤하늘 적시고 또 적시리라

그리곤 가벼운 마음으로
훨훨 날아 안식처를 찾으리라

잊음 병 들기 전에

늙기도 서럽다거늘 외로움마저 둥지 틀고
허물어진 몸뚱아리 잊음병까지 한몫하니
세월 또한 나 몰라라 언뜻감빡 달음질치네

억울타 하소할까 서럽다 말을 할까
잊음병 들기 전에 남김없이 털어놓을까
하면 맘속 쌓인 회포 후회 없게 풀어지련가

진달래

전생에 못다 이룬 열정의 넋이던가
물안개 방금 걷힌 듯 촉촉하게 젖은 입술
삼킬 듯 타는 열정 산길마다 수놓네

진실코자 하나

동풍이 일었으나 아는 이 몇이던가
스며드는 바람은 잠자는 영혼 깨우건만
저승에선 자리 내고 세상 또한 뜨라 하네

진실코자 하지만 아무 데도 통하지 않고

때늦게 철들어 삶이 뭔지 알 것 같은데
내 수명 다해 가니 세월 또한 바쁘네

감

하얗게 온 세상을 덮을 듯 태어나서
여름 내내 규중에서 신부 수업 끝냈는가
수줍은 듯 홍조 띠며 살풋 웃는 감 아가씨

나는 강남할머니

묻지도 따지지도 못하고
얼떨결에 이끌리어 왔는데
이곳이 알고 보니 강남이라네?
평생 강원도 산골 소녀가
눈 떠 보니 강남 할머니 되었네
참 세상 오래 살고 볼 일이네

십자가

가파른 세상살이
높다고만 말고
오르고 또 오르면
정상이 금방이더라

제아무리 힘들어도
예수님의 십자가에
견주리오

힘

겨울이 제아무리 추워도
내 죄가
아무리 크고 추해도
하나님의 음성은
못 이깁니다

나는 한 살이다

새로 태어난 날이다
하나님께서
딸로 허락하신 날이다
그래서 나는 한 살이다

내 생애 최고로 기쁜 날
어디에다 비할까
누구에게 자랑할까
막내야
지금부터 나 한 살이다.
너는 구원의 증인
만민의 길잡이
하나님의 딸
영원한 나의 천사이니라

빛의 존재

어두운 길 홀로 헤맬 때
나의 길을 찾아 준
어떤 따스한 존재가 있었습니다

그 빛은 그저 말없이
바라보는 믿음이었고
구원의 손길이었습니다
그 존재에 귀 기울이는 자 적으나
그는 스스로를 태우는
희생을 보여 주었습니다
그 빛은 세상에
평안과 위안을 주었고
믿음의 상징이 되었고
진리를 가르쳐 주었습니다
그 빛은 오늘도 내일도 변함없는
사랑으로 속삭입니다
진리와 믿음의 증인이 되라고

성전의 십자가

나는 성전 한가운데 십자가에서
아론의 싹 난 지팡이를 보았네
자비와 은혜로운 얼굴
세상을 다 품어 안는
구원의 큰 팔을 보았네
고난 속에서
신음하는 영혼들을
바라보는
슬픔과 눈물을 담은
넓은 가슴을 보았네
나는
성전의 십자가에서
그 본분에 순종하는 성도들의
땀과 성스러움을 보았네
나는 성전 한가운데 있는 십자가에서
사명과 믿음으로 세워진 교회의 희망을 보았네

꿈

삶에 눌려 잃었던 꿈
아버지는 그 꿈을 꾸게 하시네요
눈앞에
찾아다 놓으시고
다시 꾸어 보렴
다시 가꾸어 보렴
지금도 늦지 않았다고
힘과 지혜를 주시네요

우리 같이 해 보실까요
하얀 백사장에
한번 깔아 보자고요
믿기만 하면 도와주시는
힘센 백이 있잖아요

그래서 좋아

나는 우리나라 대통령님이 좋다네
나는 우리교회 장로님이 좋다네
그 편안한 웃는 상을 보면
나도 덩달아 입꼬리가 올라가네
살아온 세월 험난했어도
반달 눈 지으며 활짝 웃는
우리 큰아들 닮은 모습에
그래서 그냥 보기만해도 좋다네

진리

30년 전
점쟁이가 나를 65세에 죽는다 했다
그 말에 온 가족이 비통했다
지금 88세를 살고 있다
그래서 온 가족이 웃음꽃이다
어둠이 가고 빛이 들어왔다
참자유를 얻었다
마침내 행복하다

양초

누구에게 드리는 제물인가
소리 없이 타들어가는 붉은 심장
배꽃같이 고운 순결
한 점 불꽃으로 사르며
한마디의 말도 없이 마냥 흐느낀다
온몸 다 타건만
식지 않은 뜨거운 열정
인류의 희생양이 된 예수의 사랑이던가